Felix Leibrock

Vom Sinn des Lebens

Felix Leibrock

Vom Sinn des Lebens

Gedanken für Suchende

Fotografie: Wolfgang Ehn, Klaus G. Förg, Andreas Gassner,
Thomas Grüner, Udo Haafke, Reiner Harscher,
Joachim Heller, Thomas Jungmann, Bernd Römmelt,
Roland Schick, Andreas Strauß und Ernst Wrba

rosenheimer

Inhalt

Krähen im Herbst

Das Leben hat keinen Sinn. Verzweifelt murmelt der Student diesen Satz vor sich hin, während er ziellos durch den Park hastet. Morgengrauen an einem Novembertag. Mit seinen Füßen wirbelt er das Laub hoch. Was ist passiert?

Professoren haben ihm eine Stelle an der Universität versprochen. Er müsse nur zügig die Abschlüsse machen. Wie er sich beeilt hat! Tüchtig war er, wissenschaftlich hervorragend. Aber dann: Leider können wir Ihnen die Stelle doch nicht geben. Neues Hochschulgesetz und so weiter.

Jeden Morgen irrt er nun durch den Park. Das Leben hat keinen Sinn.

Dann nimmt er sie zum ersten Mal wahr: Krähen. Riesenscharen von Krähen. Sie bevölkern die Bäume im

Park. Immer nur im Herbst, dann allerdings jeden Morgen und vor der Dämmerung, sind sie da. Warum ist das so? Was hat ihr Leben für einen Sinn?
Er befragt einen Vogelexperten. Der erklärt ihm: Die Krähen kommen aus Litauen. Für sie ist Deutschland Afrika. Die Winter sind bei weitem nicht so streng wie in Litauen. Außerdem liegen im Herbst bei uns so viele Äcker brach. Da verhungern die Krähen nicht. Im Frühjahr geht's dann zurück ins Baltikum.
Vielleicht sollte ich es wie die Krähen machen. Wenn ich es hier nicht mehr aushalte, wenn ich hier zu verhungern und zu erfrieren drohe vor seelischer Not, dann muss ich wechseln. Er bewirbt sich für eine Stelle beim Goetheinstitut in einem kleinen afrikanischen Staat. Da will sonst keiner hin. Er bekommt den Zuschlag.
In Afrika lernt er auch den Hunger kennen. Es ist wie das Ziel einer Reise. Der Suchende ist angekommen. Die Bilder der hungernden Kinder werden ihn nie mehr verlassen. Als er nach einigen Jahren nach Deutschland zurückkehrt, da kämpft er gegen den Hunger in Afrika an. Gründet einen Verein, treibt Spenden ein, vermittelt Patenschaften. Er hat den Sinn seines Lebens gefunden: hungernden Kindern helfen.
So wie diesen Studenten gibt es viele Suchende unter uns. Der Weg zum Ziel, zu einem mit Sinn erfüllten Leben, er wird uns manchmal auf ungewöhnliche Weise gezeigt. Sogar Krähen können das tun. Wir müssen nur die Augen für solche Zeichen offen halten.
Was ist der Sinn des Lebens? Alle Philosophie hat letztlich diese Frage zum Thema. Es gibt nicht die eine Antwort. Viele Antworten sind möglich. Einige davon werden in diesem Buch angedacht.

Hoffnung auf Veränderung

Sisyphos gilt als das Paradebeispiel für ein sinnloses Leben. Weil er den Göttervater Zeus verraten hat, wird ihm ein hartes Urteil zugesprochen: Immer wieder muss er einen großen Stein einen Hügel hinaufrollen. Wenn er ihn fast bis zum Gipfel gebracht hat, rollt der Stein wieder herunter und das Ganze geht von vorne los. Was kann sinnloser sein?

Wie viele antike Mythen ist auch dieser hochaktuell. Eine Erfahrung des modernen Menschen ist es, dass er sich abmüht und letztlich merkt, dass alles sinnlos gewesen ist. Die Erfahrung macht der Handwerksmeister, der unzählige Angebote einreicht, aber fast nie einen Auftrag erhält, weil andere ihn unterbieten. Die Erfahrung machen Schulkinder, die fleißig lernen und trotzdem die Mathe-Arbeit verhauen. Die Erfahrung machen die Angestellten einer großen Firma, die unzählige Überstunden leisten und trotzdem mit ansehen müssen, wie der Konkurs kommt.

Gibt es eine Möglichkeit, dem Handeln des Sisyphos einen Sinn abzugewinnen? Vielleicht bekommt das Handeln dadurch einen Sinn, dass es von Hoffnung getragen ist. Hoffnung, dass er es eines Tages doch schafft, den Stein auf den Gipfel zu rollen und ihn dann auf der anderen Seite hinunterrollen zu lassen. Hoffnung, dass dann das sinnlose Handeln ein Ende hat und bessere Zeiten anbrechen.

Dafür gibt es in unserer Zeit genügend Beispiele. Denken wir an das Jahr 1989, das Jahr der politischen Wende im Osten Deutschlands. Haben damals nicht unzählige Bürger der DDR ihre Versuche auf politische Veränderung,

ihre vergeblichen Ausreiseanträge und so vieles andere wie die Arbeit eines Sisyphos ansehen müssen?
Dann kamen die berühmten Montagsdemonstrationen in Leipzig und vielen anderen Städten. Das Einzige, was zählte, war das Prinzip Hoffnung. Damit gelang es, einen mächtigen Staat in die Knie zu zwingen. Der Stein war über dem Berg.
Sollte das nicht Hoffnung für andere Situationen geben? Zeigt nicht diese geschichtliche Umwälzung, dass auch die Leiden des Sisyphos und damit die Sinnlosigkeit ein Ende haben können? Auch wenn neue Steine schon wieder im Anrollen sind?

Hand in Hand

200 jüdische Kinder in einem Waisenhaus im Warschauer Ghetto. Der Zweite Weltkrieg tobt. Es ist nur eine Frage der Zeit, bis die Nazi-Schergen das Ghetto leer geräumt haben. Und was wird aus den Waisenkindern? Die Nazis wissen: Es gibt da einen Mann, der hat großen Einfluss auf die Kinder. Dr. Janusz Korczak. Der Leiter des Waisenhauses. Ihm vertrauen die Kinder blind. Also sagen sich die Nazis: Den müssen wir uns dienstbar machen. Sie ködern ihn: Du kannst nach Dänemark ausreisen. Wir besorgen dir die Papiere. Überlass uns die Kinder.

Aber Korczak ahnt, was dann mit seinen Kindern passieren wird. Die Gaskammern in Treblinka warten auf sie. Die Nazis denken: Dorthin kommen die Kinder so oder so. Da könnte er doch wenigstens seine eigene Haut

retten, der Dr. Korczak. Aber nicht so Korczak. Er denkt vielleicht gar nicht und vertraut nur seinem Herzen. Und das sagt ihm: Du liebst doch diese Kinder. Sie sind dein Lebensinhalt. Wenn sie ein so bitteres Ende vor sich haben, kannst du sie doch nicht allein lassen.

Mit seinen Helferinnen bereitet Korczak die Kinder auf einen »Ausflug« vor. Geordnet gehen sie Hand in Hand zu den bereitstehenden Zügen. Angst steigt langsam in den Kinderherzen auf. Aber Korczak beruhigt sie. Die Kinder spüren, dass er sie nicht verlässt. Er fährt mit ihnen nach Treblinka und geht mit ihnen in den Tod.

Warum ist Korczak nicht auf die Angebote der Nazis eingegangen? Hätte er vom Ausland aus nicht gegen die Nazis agitieren können? Hätte er später, als Überlebender des Holocaust, nicht all das Schreckliche dokumentieren, die Täter anklagen können? Er hat doch die Kinder ohnehin nicht retten können!

Wer so denkt, übersieht etwas ganz Wichtiges: Korczak war an der Seite der Kinder, als sie in den Tod gingen. Kinder, die im Leben keine Eltern hatten, haben durch ihn das Gefühl gehabt, einen Vater zu haben, der bedingungslos auf ihrer Seite steht. Egal, was da kommt. Damit hat Korczak 200 Kinderseelen gerettet.

Das Leben des Janusz Korczak ist ein Leben mit Rückgrat. Ein Leben voller Liebe für die, die im Krieg nur verlieren: Für die Kinder. Ein Leben voller Sinn. Auch im Sterben. Gerade im Sterben.

Der Wind der Freiheit

Als *Salz auf unserer Haut* von Benoîte Groult 1988 erschien, gab es einen Aufschrei. Was erlaubt sich diese Frau? Leistet sich einen Geliebten trotz geordneter familiärer Verhältnisse. Eine anerkannte Frau der Pariser Gesellschaft fährt in ein Fischerdorf am Atlantik und später zu vielen Rendezvous an anderen Orten, um sich das zu holen, was sie sich wünscht: einen einfachen Fischer als leidenschaftlichen Liebhaber. Darf das eine Frau? Und dann auch noch darüber schreiben! Da brechen Dämme der über Jahrhunderte gesicherten Moral!

Doch hinter dieser scheinbaren Moral steckt viel Heuchelei. Die damals aufgeschrien haben, waren vorwiegend Männer. Sie sahen ein Privileg davonschwimmen: dass nämlich nur dem Mann die Erfüllung sexueller Wünsche zusteht. Dass der Mann sich zwar den einen oder anderen Seitensprung erlauben darf. Aber dass eine Frau sich das nimmt, war einfach unerhört!

Benoîte Groults Roman ist ein einziges Zeugnis des Freiwerdens. Frei werden von den Normen, die ihr das Elternhaus, die Gesellschaft, die Kirche von Kindheit an als einzig sinnstiftende anboten. Frei werden von einem Leben, das nur in vorgegebenen, und zwar von anderen vorgegebenen Bahnen verläuft.

Ob darin nicht ein tiefer Lebenssinn steckt? Frei zu werden von allem, was ich als Fesseln empfinde?

Ist das nicht auch das, was die großen Religionsstifter gewollt haben? Die Menschen frei zu machen von geistiger Enge und Knechtschaft? Hin zu

einem selbstbestimmten Leben, das auch die Beziehung zu einem höheren Wesen in freier Entscheidung eingeht und nicht als Zwang empfindet?
Zu den glücklichsten Erfahrungen des Lebens gehört das Freiwerden. Davon können alle die ein Lied singen, die Diktatur oder Erpressung oder sonst einer Form von Gewalt und Zwang entronnen sind.
Salz auf unserer Haut ist einer der schönsten Berichte eines solchen Freiwerdens. Viele spüren auch heute noch den Wind der Freiheit schon beim Lesen, den Wind, der ihnen entgegenweht, wenn die Erzählerin ausbricht aus Paris, anfangs hin zu jenem Fischerdorf am Atlantik und später an viele Orte in der ganzen Welt.

Tracy

Wie ein Flüstern ging es durch das große Londoner Wembley-Stadion: Talkin' bout a revolution. Die Entrechteten, die Diskriminierten und Unterdrückten, personifiziert in Nelson Mandela, dem Führer der Schwarzen in Südafrika, sie bekamen jetzt eine unüberhörbare Stimme. Die einer jungen farbigen Amerikanerin: Tracy Chapman. Nicht nur ihre wunderbare Musik war es, die Millionen in den Bann schlug. Gerade auch die Texte waren es, die Unzähligen Mut machten, gegen ungerechte Verhältnisse anzukämpfen. So oft fühlen wir uns ohnmächtig angesichts großen Unrechts in der Welt. Wir sagen: Was soll ich denn dagegen tun? Dass täglich in der ganzen Welt Zehntausende Kinder wegen Unterernährung sterben müssen: Was soll ich dagegen tun? Dass Spekulanten gnadenlos unsere Regenwälder abholzen: Was soll ich dagegen tun? Dass Tausende in der Welt als politisch Gefangene Folter erleiden: Was soll ich dagegen tun?

Nicht anders war die Situation für Nelson Mandela. Jahrzehnte saß er im Gefängnis. Wie sollte er angesichts einer unbarmherzigen Diktatur da wieder rauskommen? Er, der er als Querulant und Umstürzler galt? Musste für die unter der Apartheid-Politik Leidenden das Leben nicht sinnlos erscheinen? Keine Chance gegen die weißen Unterdrücker, und das für immer?

Aber viele Schwarzenführer haben damals nicht aufgegeben. Sie haben sich ins Ausland abgesetzt und von dort aus die Missstände angeprangert. Sie haben sich Gleichgesinnte gesucht und unermüdlich für ihre Ziele gekämpft. 1994 hat die Mehrheit in Südafrika Nelson Mandela in freien demokrati-

schen Wahlen zum Staatspräsidenten gewählt. Ist das keine Ermutigung für alle, die einen scheinbar aussichtslosen Kampf kämpfen?
Unter den vielen, die zum Sieg über die Apartheid-Politik und damit zum Sieg der Menschenrechte beigetragen haben, war auch die eine Stimme, die wie ein Flüstern durchs Londoner Wembley-Stadion ging. Die Stimme, die über Revolution sprach. Die Stimme der Tracy Chapman.

Wie die Vögel sein

Von einem Mönchsbruder in der Kommunität in Taizé wird berichtet, dass er jedes Buch, das er gelesen habe, verschenke. Er sagt sich: Warum soll ich das Buch aufheben? So hat auch jemand anderes Freude daran.
Wenn wir Bücher kaufen, dann doch auch, weil wir uns vorstellen, wie unsere Bibliothek wächst und wächst. Weil wir uns an unserer sichtbaren Belesenheit freuen. Weil wir unseren Kindern und Enkeln wichtige Bücher direkt in die Hand drücken können: Lies das mal, das bringt dir viele Antworten auf deine Fragen.
Was für die Bücher gilt, trifft auch auf vieles andere zu. Unsere Gesellschaft ist immer mehr zu einer Haben-Gesellschaft geworden. Schon die Kinder wollen alles haben. Tränen fließen, wenn sie am Geburtstag nicht Berge von Geschenken bekommen. Bei den Erwachsenen ist das nur scheinbar anders. Väter sagen zwar ihren Kindern: Zum Geburtstag will ich nur Unterhosen und Socken. Dafür wollen sie aber Erfolg im Beruf, Anerkanntsein, Geld und Macht. Haben, haben, haben, wir sind nur darauf konzentriert, unseren Besitz zu bewachen und zu vermehren. Auf Dauer werden wir davon krank. Und was ist mit allem Besitz, wenn unser Leben sich neigt? Das letzte Hemd hat keine Taschen, sagt der Volksmund. Was uns hoch und heilig war, lässt die nachfolgende Generation nur noch Entrümpelungsfirmen herbeirufen.
Besitz also macht uns nicht dauerhaft glücklich. Hat nicht doch der Bruder in Taizé den richtigen Weg gefunden? Abgeben, hat das nicht etwas Befreiendes?

In der Bibel weist uns Jesus auf die Vögel hin: Sie säen nicht, sie ernten nicht, sie sammeln nicht in die Scheunen, sagt er. Also kein Anhäufen von Besitz. Durchs Leben kommen sie trotzdem, weil es eine höhere Macht gibt, die für sie sorgt.
Vielleicht sollten wir öfter mal Vögel beobachten. Warum können sie so unbelastet über die Felder oder von Dach zu Dach fliegen? Warum singen sie so unbeschwert ihre Lieder?

Neue Wege gehen

Viele Künstler sind gespaltene Persönlichkeiten. Zum Beispiel der Schriftsteller Thomas Mann. Zum einen hat er sich durch sein Schreiben hohes Ansehen erworben. Er verkehrte in den höchsten Kreisen, baute um sich eine Atmosphäre des Erhabenen und Elitären, in der ihn die existentiellen Fragen des Menschseins umtrieben. Andererseits sehnte er sich nach den, wie er es in einer Erzählung nennt, »Wonnen der Gewöhnlichkeit«. Das war die Welt der einfachen Leute, die sich nicht tagtäglich mit den Sinnfragen des Lebens beschäftigen. Die einfach in den Tag hineinleben und glücklich sind, weil sie nicht alles mit schwermütigen Gedanken befrachten.

Das Hin- und Hergerissensein zwischen diesen zwei Extremen scheint das Kennzeichen des modernen Menschen, zumindest in der westlichen Welt, zu sein. Nur sind die Vorzeichen umgekehrt zu denen bei Thomas Mann. Viele sehnen sich nach einem Ausbruch aus den Wonnen der Gewöhnlichkeit. Da ist zum einen der Alltag mit Beruf, Familie, Eigenheim und Mittelstandsauto. Man lebt so vor sich hin und hat das Gefühl, glücklich sein zu müssen. Man hat doch alles, wonach man sich so gesehnt hat, und könnte nun die Wonnen der Gewöhnlichkeit genießen.

Aber immer wieder bricht die Frage auf, ob das denn alles ist, wofür man lebt. Oder ob es da nicht vielleicht doch noch ein höheres Ziel gibt. Wer auf solche Fragen in seinem Leben stößt, sollte sie nicht verdrängen. Denn wer entscheidende Fragen verdrängt, wird krank. Besser ist es, das Gespräch mit Freunden zu suchen, die Sinnfragen zu diskutieren. Oder sich einer neuen

Herausforderung zu stellen, die Stelle oder den Wohnort zu wechseln, etwas Neues anzupacken, das Äußere zu verändern, jedenfalls etwas zu wagen, wo andere sagen mögen: Was ist denn mit dem, was ist denn mit der los?
Wer versucht, ein neuer Mensch zu werden, dem schenkt das Leben Flügel. Hermann Hesse sagt: »Nur wer bereit zu Aufbruch ist und Reise, mag lähmender Gewöhnung sich entraffen.« Nur wer immer neu sein Leben ordnet, wer neue Wege zu betreten wagt, hat die Möglichkeit, Antworten auf die Sinnfragen zu bekommen. Wie heißt es bei Hermann Hesse weiter? »Wohlan denn, Herz, nimm Abschied und gesunde!«

Lob der Freundschaft

Zwanzig Jahre haben sie sich nicht mehr gesehen. Und jetzt also Klassentreffen. Was machst du beruflich? Wo lebst du? Hast du Familie? Lebensläufe schwirren durch die rauchige Luft im Saal der Gaststätte. Kindererziehung, Schulstreiche von damals, Gerüchte über die Nichtgekommenen, die Themen gehen nicht aus. Und nach dem dritten Bier: Siehst noch aus wie früher! Aber manche sind darunter, die haben seit der Schulzeit den Kontakt gehalten, ja eine Freundschaft gepflegt, die gute und schwerste Zeiten überlebt hat. Gerade in Krisenzeiten zeigt sich, wie wertvoll ein Freund, eine Freundin ist, dem oder der ich alles, aber auch wirklich alles anvertrauen kann. »Wem der große Wurf gelungen, eines Freundes Freund zu sein«, heißt es bei Friedrich Schiller und dann in Beethovens neunter Symphonie. Ja, da ist was dran, an der Sache mit dem großen Wurf. Wer jemanden hat, bei dem er sein Herz so richtig ausschütten kann, jemanden, der nicht nur von sich selbst redet, sondern zuhört, jemanden, der anderen widerspricht, wenn sie über einen lästern, wer so jemanden hat, der hat einen ganz wertvollen Schatz gefunden.

Lebenslange Freundschaft gelingt nur, wenn vollkommene Offenheit besteht. Wenn sie ein ständiges Geben und Nehmen ist. Auch ist so eine Freundschaft wie eine schöne Pflanze. Sie blüht nur auf, wenn ich sie regelmäßig gieße. Wenn ich mehr tue als nur die Karte zu Weihnachten und der Anruf am Geburtstag. Manchmal ist Freundschaft auch Arbeit. Aber Arbeit, die lohnt.

Bei Klassentreffen treten sie oft zu Tage: Die Freundschaften, die seit Kinderzeiten bestehen. Die von den vielen Brüchen im Leben des Freundes, der Freundin wissen. Die von gemeinsamen Lebensspuren zeugen. Solche Freundschaften wirken dann auf andere, denen so etwas nicht geschenkt ist, wie das Eis eines Gletschers. Ewiger Schnee sagen die dazu, die im Tale stehen. Bewundernd schauen sie hinauf und sagen sich: Dort möchte ich mal sein.

Spuren hinterlassen

Wozu habe ich gelebt? Die Frage stellt sich jedem irgendwann mal. Spätestens auf dem Sterbebett. Der Schriftsteller Leo Tolstoi hat das in seinem *Iwan Iljitsch* thematisiert. Da hat dieser Iwan Iljitsch sich ein Leben lang für seine Karriere aufgeopfert. Das Streben nach Macht und Ansehen hat ihn vollkommen in Beschlag genommen. Dann packt ihn eine tödliche Krankheit. Jetzt fragt er sich: Wozu habe ich gelebt? Der Rückblick quält ihn, alles war scheinbar ohne tiefen Sinn.

Uns kann es helfen, diese Frage nicht erst auf dem Sterbebett zu stellen. Denn dann ist es vielleicht zu spät. Auch viele unter uns leben wie Iwan Iljitsch. Es muss ja nicht nur das blinde Streben nach Macht sein, das unser Leben in eine Sackgasse führt. Fragen wir uns doch einmal: Lebe ich so, dass ich Spuren hinterlasse, die auch noch nach meinem Tod wirken? Positive Spuren? Habe ich meinen Kindern etwas für die Lebensreise mitgegeben, das sie für die Mühen des Lebens stark macht? Habe ich genügend Liebe empfangen und weitergegeben?

Eine solche Zwischenbilanz, immer mal wieder gezogen, mag zu einer Kurskorrektur führen. Was aber ebenso wichtig ist: dass ich dabei all das Positive entdecke, was das Leben für mich bereitgehalten hat. Wir neigen dazu, vor allem das zu sehen, was uns fehlt. Wer das Positive im Leben entdeckt und sich daran erfreut, lebt zufriedener als der, der immer nur das Fehlende beklagt.

Carpe diem

Kinder streiten oft. Aber sie versöhnen sich auch schnell. Sie können das, weil sie weder Vergangenheit noch Zukunft kennen. Sie tragen nicht nach und sagen nicht ernsthaft: Beim nächsten Mal räche ich mich. Kinder leben für den Augenblick. Carpe diem! Ergreife den Augenblick! Kinder denken nicht nach über den Sinn des Lebens, sondern nehmen die Dinge so, wie sie sind. Dabei sind Kinder oft sehr glücklich. Sollte das nicht ein Hinweis für die Erwachsenen sein?
Viele von uns tragen Schuld und Versagen aus vergangenen Tagen mit sich herum wie einen Rucksack voll schwerer Steine. Ein gestörtes Verhältnis zu den Eltern in der Kindheit wirkt da ebenso belastend wie das Scheitern in der Schule oder der Verrat an der besten Freundin, als diese in Not war. Andere sehen nur noch düster in die Zukunft. Da ist die Angst vor dem drohenden Arbeitsplatzverlust ebenso stark wie bei anderen die Verzweiflung über eine Krankheit, deren Ausgang ungewiss ist.
Dieses Belastende loszulassen und im Augenblick zu leben, ist leichter gesagt als getan. Und dennoch ist es der einzige Weg, dem Leben ein Stück Glück abzugewinnen.

Sich auf den Weg machen

Der Priester will den zum Tode Verurteilten überreden, die Beichte abzulegen und um die Absolution zu bitten. Der aber packt den Priester beim Kragen und schleudert ihm entgegen: »Nichts ist wichtig!«

So hat er auch gelebt, der Todgeweihte: Er hat die scheinbar einzigen schönen Dinge des Lebens genossen: Essen, trinken, am Strand liegen, Frauen erobern. Gesellschaftliche Probleme lassen ihn kalt. Als er am Strand einen jungen Araber umbringt, bedauert er nichts und rechtfertigt sich nicht. Er gibt der drückenden Hitze die Schuld. So wehrt er sich kaum vor Gericht und erhält das Todesurteil. Der Satz gegenüber dem Priester ist gleichsam sein Lebensmotto: »Nichts ist wichtig!«

Dieses Geschehen beschreibt Albert Camus in seinem Roman *Der Fremde*. Er ist bis heute der meistverkaufte Roman Frankreichs. Was hat ihm diesen Erfolg beschert?
Offenbar haben sich viele im Protagonisten wiedergefunden, der im Leben überhaupt keinen Sinn sieht. 1942, mitten im Krieg, war für viele das Ende der traditionellen Sinnangebote gekommen. Was sollten die Wertesysteme des Staates, der Kirchen, der Gewerkschaften, der Philosophen, wenn sie zu kollektivem Untergang und Völkermord führten?
Nach dem Krieg kamen keine neuen Wertesysteme. Die alten aber taugten nur bedingt zum Neuanfang. Es blieb bei dem »Nichts ist wichtig!«. Gleichgültigkeit gegenüber allem, ein bloßes In-den-Tag-Hineinleben. Leben ohne tieferen Sinn.
Kann man so leben? Ist wirklich nichts wichtig? Offenbar nicht, sonst hätte der zum Tode Verurteilte bei Camus nicht so wütend auf das Ansinnen des Priesters reagiert. Ihm war es in seinem Leben nicht gelungen, etwas für seine Existenz Wichtiges zu finden. Dieser Weg aber steht jedem offen. Entscheidend ist, dass wir eine innere Wende vollziehen: Von der Gleichgültigkeit zur Suche. Wer sich auf die Suche nach dem Sinn des Lebens macht, wer liest, diskutiert, das Theater besucht, sich für Geschichte und für die Menschen interessiert, wer sich nicht von der Gleichgültigkeit lähmen lässt, der macht sich auf einen Weg. Auf diesem Weg kann einem Wichtiges für das eigene Leben begegnen. Wichtiges, für das es sich zu leben und zu kämpfen lohnt. Nicht wenige hat Camus' Roman auf diesen Weg gebracht.

Paradiesvogel

Die Haarmähne, die er sonst beim Spielen so schwungvoll hin und her geworfen hat, hat er sich abschneiden lassen. Auf die Musikwünsche der Passanten reagiert er gereizt. Dabei ist er in vielen Fußgängerzonen deutscher Städte so beliebt: der leidenschaftliche Akkordeonspieler aus Prag. Aber sein Traum war es, auch mal in Konzertsälen zu spielen. Vor allem im Winter, wenn die Finger im Freien klamm sind.
Dann kam das große Angebot von einer Musikagentur. Eine Tournee wollten sie mit ihm aufziehen. Außerdem sollte er Filmmusik komponieren und spielen. War das der Durchbruch? Endlich nicht mehr von der Hand in den Mund leben?
Zur Vertragsunterzeichnung fährt er mit der Bahn. Am Bahnhof kauft er sich einen Kaffee, ist für wenige Augenblicke unaufmerksam. Als er zurückkehrt, ist es weg: sein Akkordeon. Seit seiner Jugendzeit hat er es. Geliebt hat er es. Nun hat es ihm irgendeiner gestohlen, der nicht ahnt, was er damit anrichtet. Aus und vorbei ist es mit der Vertragsunterzeichnung. Ohne Instrument keine Tournee, keine Filmmusik.
Der Winter kommt. Nach Ladenschluss tönen seine Lieder aus den windgeschützten Eingängen von Kaufhäusern über die Plätze und Straßen. Viele Passanten bleiben stehen, werfen ein, zwei Euro in den Koffer. Das Instrument ist ein uraltes, kaputtes, verstimmtes. Auf dem Flohmarkt hat er es billig erstanden. Ohne Haarmähne, gereizt und mit klammen Fingern spielt er darauf.

Ein Passant sagt ihm: »Irgendwie sind Sie anders als früher.«
Da erzählt ihm der Akkordeonspieler seine Geschichte. Am Schluss ist Trotz in seiner Stimme: »Ich werde diesen Winter noch mehr spielen. In noch mehr Städten. Dann kaufe ich mir ein neues Akkordeon. Ein gutes. Ich lasse mich nicht unterkriegen.«
Entschlossen greift er in die Tasten und spielt sein liebstes Lied. Paradiesvogel heißt es.

Raum für Fantasie

Bücher für deutsche Kriegsgefangene im Ausland organisieren, das hatte sich Hermann Hesse während des Ersten Weltkriegs zur Aufgabe gemacht. Tag und Nacht arbeitete er. Bis hin zur physischen Erschöpfung. Aber es war nicht nur die körperliche Überanstrengung, die ihn an den Rand des Zusammenbruchs brachte. Auch die Seele lag danieder, so dass er sich in psychoanalytische Sitzungen begab. Damals ein noch ungewöhnliches Unterfangen. Die seelische Krise rührte von einem Mangel her. Was ihm damals fehlte und was für ihn lebensentscheidend war: das Ausleben der Fantasie, das künstlerische Schaffen. So begann er zu dieser Zeit mit dem Malen, bald darauf schrieb er auch wieder. Dieses und der Wechsel

des Wohnortes ins Tessin verhalfen ihm wieder zum seelischen Gleichgewicht.
Müssen nicht auch wir unsere Fantasie ausleben, brauchen nicht auch wir eine schöpferische Tätigkeit? Gewiss sind wir nicht alle so begabt wie Hermann Hesse. Aber darauf kommt es nicht an. Unser Leben ist oft eintönig, besteht aus monotonen Tätigkeiten. Wir tun das, was irgendwelche Gesetze oder Dienstanweisungen oder Verkehrsschilder uns vorgeben. Für Fantasie ist da kein Raum. In unserer Freizeit verbringen wir viel Zeit vor dem Fernseher, lassen uns mit Vorgefertigtem überfluten, ohne selbst kreativ zu sein. Die Folgen sind innere Unruhe und das Gefühl, etwas im Leben zu verpassen.
Wer sich in einem Laientheater versucht oder das Porträtmalen übt oder Spiele für die eigenen Kinder erfindet, der fordert seine Fantasie heraus. Das braucht die Seele, um nicht zu verkümmern. Kreatives Arbeiten macht ausgeglichen.
Hermann Hesse hat viele Krisen zu durchleben gehabt. Verarbeitet hat er sie durch das Schreiben, in seinen Gedichten und Erzählungen. Wer dazu nicht fähig ist, kann Tagebücher schreiben. Auch dadurch können wir die Fantasie anregen und Belastendes verarbeiten. Nichts ist trostloser als ein Leben, in welchem die kreativen Kräfte, die jeder Mensch besitzt, brach liegen bleiben. Tagebücher können wir außerdem viele Jahre später wieder lesen. Wir merken dann, dass wir stets wachsen und reifen. Vor allem aber: dass wir dann am glücklichsten waren, wenn wir unserer Fantasie Raum gegeben und uns kreativ betätigt haben.

Der Lebenstraum

Herr B. ist erst spät zum Bergsteigen gekommen. Aber dann hat ihn die Leidenschaft gepackt. Schon manch schwierige Wand in den Alpen hat er mit seinen Kameraden bezwungen. Und jetzt hat er seinen Traum: die Eigernordwand. Die will er einmal in seinem Leben schaffen. Mit 49 Jahren, da muss er schon kräftig dafür trainieren. Fitnessstudio, Waldläufe. Außerdem muss alles bestens mit seinen beiden Kameraden vorbereitet sein: Ausrüstung, Proviant, Routenplanung. Er beantragt unbezahlten Sonderurlaub. Das kann er sich in seiner Firma nur einmal im Leben leisten.
Dann ist der große Tag da. Das Wetter scheint günstig. Die ersten dreihundert Meter in der Wand gehen problemlos. Allmählich aber zieht sich der Himmel mit Wolken zu. Eisiger Wind pfeift Herrn B. und seinen Kameraden um die Ohren. Gegen Abend schlagen sie das Biwak auf. Noch fehlen einige hundert Meter bis zum Gipfel. Nach wenigen Stunden Dahindämmerns erwachen sie. Die ganze Wand ist vereist, in der Nacht hat es geschneit. An ein Weitergehen ist nicht zu denken. Sie müssen den Versuch abbrechen und vorsichtig absteigen. Die nächsten Tage bringen keine Wetterbesserung. Der Sonderurlaub geht zu Ende. Herr B. hat sein großes Ziel nicht erreicht.
Was zurückbleibt, sind Enttäuschung und ein Gefühl innerer Leere. So viele Jahre hat er vom großen Erlebnis geträumt, alles hat er dafür getan, und jetzt ist er kurz davor doch gescheitert. Das erinnert an die Qualen des Tantalos, jener Gestalt aus der antiken Mythologie, die ewig Hunger und Durst gelitten hat. Besonders schmerzvoll war das, weil Tantalos bis zu den Knien im

Wasser stand und über ihm Zweige voller Obst hingen. An beides kam er aber nicht heran.
Tantalosqualen, Herr B. kennt sie und mit ihm viele von uns. So viele scheitern an einer großen Lebensaufgabe, obwohl sie schon kurz vor dem Ziel sind. Aushalten können wir diese Qualen nur, wenn wir sie von vorneherein einberechnen. Wenn wir uns nicht zu sehr die Freude ausmalen, die wir beim Erreichen des großen Ziels haben werden, sondern indem wir auch das Scheitern einplanen. Wird dann das Ziel dennoch erreicht, kennt die Freude keine Grenzen mehr.

Allein zu Gottes Ehre

Beim Bau eines mittelalterlichen Domes befragt man drei Steinmetze, was sie denn da tun. Der erste sagt: »Ich behaue Steine.« Der zweite antwortet: »Ich verdiene Geld.« Der dritte denkt nach und spricht dann: »Ich baue am Dom.«
Am Abend wirft sich der erste auf sein Nachtlager und stöhnt: »Diese Tausende von Steinen, die ich da bearbeiten muss. Da kann man ja irre werden. Warum musste ich nur diesen öden Beruf erlernen!«
Ebenso unruhig schläft auch der zweite ein. Er murmelt vor sich hin: »Geld verdiene ich zwar. Aber viel zu wenig. Was ich mir noch alles kaufen möchte! Einen neuen Sattel für mein Pferd, erlesene Weine vom Kaiserstuhl und schöne Sandalen für meine Geliebte. Da reicht der Lohn hinten und vorne nicht.«
Der dritte Steinmetz liegt lächelnd auf seinem Strohsack. »Den Dom«, sagt er sich, »ihn werde ich nicht mehr sehen, wenn er vollendet ist. Das dauert noch hundert Jahre. Mindestens. Aber auf einen Stein seitlich des Portals, da werde ich meinen Namen einritzen. Außerdem den Beruf und den Tag meiner Geburt sowie die Worte: Soli deo gloria. Allein zu Gottes Ehre.«
Über diesen Worten schläft er ein und beginnt zu träumen. Von der Einweihung des Domes träumt er, von einem großen festlichen Gottesdienst, wo der Bischof alle die benennt, die zur Fertigstellung beigetragen haben. Er erwähnt auch die Hunderte von namenlosen Steinmetzen, die daran beteiligt waren. Plötzlich hält der Bischof inne und sagt, nach einer Pause: »Einen

will ich stellvertretend für alle nennen.« Dann nennt er ihn, seinen Namen, er, der kleine Steinmetz, geht ein in die Kirchengeschichte, weil er hier in diesem Gottesdienst Erwähnung findet. Der Bischof führt aus: »Ich erwähne ihn stellvertretend für die anderen, weil er sich auf einem Stein verewigt hat und weil er den entscheidenden Grund für dieses gigantische Bauvorhaben benannt hat: Soli deo gloria. Allein zu Gottes Ehre.«

In diesem Augenblick kräht der Hahn. Unser Steinmetz weiß, dass die Nacht vorüber ist. Frohen Herzens macht er sich auf den Weg zur Arbeit. Ein Leuchten liegt auf seinem Gesicht. Es stört ihn nicht im Mindesten, dass seine Kollegen missmutig sind und hinter dem Rücken tuscheln, es stimme wohl etwas nicht mit ihm, dem Steinmetz, der wie ein Träumer wirke.

Die Liebe bleibt

Sie ist Ärztin. Sie fährt auf einen Kongress nach Hamburg. Am Bahnhof winken ihr der Ehemann und die drei Kinder nach.
Am zweiten Kongresstag schreibt sie ihren Lieben eine Karte: »Mir geht es gut. Freue mich auf das Wiedersehen. In Liebe Eure Mama.«
Am dritten Tag ist großes Rahmenprogramm auf dem Kongress angesagt. Essen auf einem Schiff mit Kabarettvorführung. Sie nimmt sich ein Taxi vom Hotel zum Hafen. Sie rennt über eine der viel befahrenen mehrspurigen Straßen. Da passiert es. Auf der regennassen Fahrbahn kommt ein Auto ins Schleudern und erwischt sie frontal. Sie stirbt noch am Unfallort.
In der Nacht klingeln zwei psychologisch geschulte Polizistinnen bei der Familie und überbringen die schlimme Nachricht. Lähmendes Entsetzen. Unter Schock bereitet man in den nächsten Tagen die Trauerfeier vor. Wie sollen sie diesen grauenhaften Tag durchstehen?
Am Morgen vor der Trauerfeier bringt der Postbote eine Menge von Beileidsbriefen. Der Witwer hat keine Kraft, die jetzt durchzulesen. Er legt den ganzen Stapel zur Seite. Die Beerdigung ist schrecklich. Worte können nicht helfen, allenfalls die stummen Umarmungen geben etwas Halt.
Nach der Trauerfeier kommt das große Loch. Die Besuche der Freunde werden seltener, der Alltag beginnt wieder. Ein Alltag aber ohne sie, die Mutter und Ehefrau. Sie fehlt an allen Ecken und Enden. Wie soll das Leben weitergehen? An einem Abend sagt der Vater zu seinen Kindern: Jetzt wollen wir die Beileidsbriefe beantworten. Er holt den Stapel vom Tag der Trauer-

feier hervor. Gut gemeinte, tröstende Worte sind dabei. Doch dann stockt ihnen allen vieren der Atem. Eine Karte aus Hamburg: »Mir geht es gut. Freue mich auf das Wiedersehen. In Liebe Eure Mama.«

Auf der Vorderseite ist der Hamburger Hafen zu sehen, mit Schiffen, die auf eine große Reise gehen. Die Kinder fragen: Ist Mama jetzt auch auf einer großen Reise? Werden wir sie im Himmel wiedersehen?

Fragen, die offen bleiben. Aber eines wissen alle vier: Die Liebe bleibt. Der Tod kann sie nicht besiegen.

I.N.
R.I.

Robinson Crusoe

Als es Robinson Crusoe auf die einsame Insel verschlug, hatte er zwei Möglichkeiten: aufzugeben oder mit allen ihm zur Verfügung stehenden Mitteln ums Überleben zu kämpfen. Wie wir aus Daniel Defoes Roman wissen, hat er sich für den zweiten Weg entschieden.

In unseren Städten gibt es viele Robinsone. Menschen, die in einem Single-Haushalt leben, kaum soziale Kontakte haben und sich bei allem Lärm in den Straßen und bei allem Menschengetümmel in den Kaufhäusern einsam und verlassen vorkommen. Auch sie haben zwei Möglichkeiten: sich resignierend in ihr seelisches Schneckenhaus zurückzuziehen und über die Einsamkeit zu klagen. Oder sich dem Problem der Verein-

samung zu stellen, sich wichtige Aufgaben zu suchen, die einem auch das Alleinesein sinnvoll machen.

Häufig sind es soziale Arbeiten, die einem das Gefühl vermitteln, gebraucht zu werden. Unzählige karitative und gemeinnützige Vereine suchen Ehrenamtliche, die Verantwortung übernehmen. Sinnvoll ist solche Tätigkeit in jedem Fall, da sie denen zu Gute kommt, die es schwer haben, in einer oft kalten Gesellschaft den Anschluss zu halten. Der Urwalddoktor Albert Schweitzer hat jedem nahegelegt, sich ein »Nebenamt« zu suchen, um das Leben mit Sinn anzufüllen.

Doch sagen viele: Das genügt mir nicht. Die wahre Erlösung aus der Einsamkeit ist erst die Liebe zu einem anderen Menschen. Die tiefe seelische Beziehung zu einem Gegenüber, mit dem ich mich auf geheimnisvolle Weise blind verstehe. Doch wie soll ich den finden? Über Kontaktanzeigen? Da gibt's so viele Reinfälle!

Robinson hat auf seiner einsamen Insel millionenfach das immer gleiche Branden der Wellen gehört. Wie oft mag er sich gefragt haben: Werden mich diese Wellen jemals aus meiner Einsamkeit erlösen? Werden sie mich jemals in meine Heimat zurückbringen?

Defoes Roman gibt uns zwei wichtige Hinweise: Zum einen ermutigt er uns, das Alleinesein sinnvoll zu gestalten und nicht darüber zu verzweifeln. Zum anderen zeigt uns das Schicksal des Robinson Crusoe, dass für den, der Geduld hat, irgendwann auch das längste Warten ein Ende hat.

Frei werden

Das große Thema in Henrik Ibsens Dramen ist die Lebenslüge. Ibsen beschreibt, wie Menschen sich schuldig machen, diese Schuld aber sofort von sich weisen. Sie basteln sich Erklärungen zusammen, die diese Schuld anderen zuteilen. Bald glauben sie selbst diese Erklärungen, geben sie so an andere weiter und leben mit diesem Selbstbetrug, mit dieser Lebenslüge jahrzehntelang. Aber dann kommt die Wahrheit durch einen überraschenden Besuch oder ein unerwartetes Ereignis zu Tage. Das ganze Lügengebäude fällt zusammen, und ein Leben ist zerstört, weil es auf einer Lüge aufgebaut war.

Jeder Mensch wird im Leben schuldig. Da hintergehen sich Eheleute, zerstreiten sich Geschäftspartner, bekämpfen sich Geschwister um das Erbe, lassen sich Freunde im Stich. Hier eigene Schuld einzugestehen, fällt den meisten schwer. Einfacher ist es, der anderen Seite alles zuzuschieben und sich selbst eine Lebenslüge aufzubauen.

Aber Ibsens Dramen zeigen, dass damit nur scheinbar etwas gewonnen ist. Nicht nur, dass man damit rechnen muss, dass irgendwann die Lebenslüge einmal schonungslos auffliegt. Nein, wer mit einer Lüge lebt, ist niemals frei im Herzen für das Gute, muss immer misstrauisch sein, kann nicht uneingeschränkt lieben.

Damit das aber möglich ist, muss es ein ganz entscheidendes pädagogisches Ziel sein, Kinder zum Umgang mit Schuld zu erziehen. Ihnen beizubringen, dass derjenige, der Schuld eingesteht, der wahrhaft Starke ist. Das ist nicht einfach in einer Zeit, in der Kinder gleichzeitig vermittelt bekommen, dass nur der mit den stärksten Ellenbogen sich durchsetzt. Aber eine Alternative gibt es nicht.

Du sollst nicht lügen. Das gilt nicht nur gegenüber anderen. Du sollst dich auch nicht selbst belügen. Wer ohne Lüge lebt, wird frei. Darauf kommen Heranwachsende von ganz alleine, wenn sie sich in der Schule oder im Theater zum Beispiel mit Ibsens Dramen beschäftigen. Oder wenn sie sich mit den großen Religionen auseinander setzen, in denen das Eingeständnis von Schuld, die Beichte, der Freispruch von Schuld ganz entscheidend sind. Warum wohl? Weil es Religionsstiftern wie Jesus und Schriftstellern wie Ibsen um die zentralen Probleme der Menschen geht. Zum Beispiel um das Vermeiden einer Lebenslüge. Um das Eingeständnis von Schuld und damit um das Freiwerden für ein Leben ohne ständiges Misstrauen. Ein Leben voller Liebe.

Das Geheimnisvolle

Ein Kind spielt im Garten mit seiner Schaufel. Unter den Tannenbäumen am Zaun buddelt es ein tiefes Loch. Plötzlich stößt es auf etwas Hartes. Es gräbt den Gegenstand aus. Eine Metallkiste mit einem Schloss, in welchem ein Schlüssel steckt. Langsam dreht es den Schlüssel um und schaut hinein. Darin entdeckt es – ein Kind mit großen, staunenden Augen. In der Kiste, auf dem Boden, liegt ein Spiegel.

Ist das eine Schatzkiste, die das Kind da entdeckt hat? Wo doch nur ein alter Spiegel drinliegt?

O doch, das ist ein Schatz, wenn wir auf diese Weise wieder das Staunen lernen. Wenn wir wieder den Sinn für das Geheimnisvolle gewinnen.

In unseren aufgeklärten Zeiten, da dominiert das Rationale, der Verstand. Alles Geheimnisvolle muss letztlich naturwissenschaftlich erklärbar sein. Wir fliegen auf den Mond, klonen Schafe und erforschen das Meer an seinen tiefsten Stellen. Der Mensch ist scheinbar dabei, die letzten Geheimnisse dieser Welt zu lüften.

Gleichzeitig aber üben sich Jugendliche im Pendeln und Gläserrücken, steigen Manager für zwei Wochen in buddhistischen Klöstern ab, boomen die Esoterikbücher. Offenbar ist der naturwissenschaftliche Fortschritt nicht alles, was der Mensch braucht. Er verlangt nach einem Gegengewicht.

Dieses Gegengewicht ist das Spirituelle, die Beziehung zu einer anderen Wirklichkeit als der, die wir vor Augen haben. Gottessucher, das sind wir alle. Manche suchen Gott, indem sie Weltliches anbeten. Das kann das Auto

sein, die oder der Geliebte oder das Bedürfnis nach Urlauben an einsamen Stränden. Andere suchen die Gottesbeziehung ganz direkt, indem sie sich Religionen zuwenden, oft direkt und ohne die Institution Kirche, die ihnen zu wenig Sinnliches, zu wenig Gottunmittelbares zu bieten scheint.
Wer ein Leben mit Tiefe führen will, der sollte sich diesen Zugang zum Religiösen, zum Geheimnisvollen nicht verbieten. Wer Gottes Spuren in dieser Welt sucht, lernt das Staunen. So wie das Kind, das im Garten beim Graben eine alte Kiste entdeckt.

Wärme und Liebe

Warum lesen so viele gerne Harry Potter? Kinder, aber auch Erwachsene? Ein Grund ist die Herkunft Harrys. Das Aufwachsen bei Stiefeltern, die ihn nicht mögen, ja hassen. Aber Harry kommt nach Hogwarts, in jenes Internat, das ihm Freunde und, neben missgünstigen, auch wohlwollende Erwachsene bringt. Eine Kindheit, die nur wenig Liebe und Wärme kennt, muss nicht unbedingt zu einem verkorksten Leben führen. Wir beobachten, wie Harry sein Leben sortiert, seine wahre Herkunft Stück für Stück herausfindet, einen Weg findet. Darin besteht der Sinn für ihn: das Geheimnis seiner Geburt zu lüften und etwas von den wahren, den liebenden Eltern zu erfahren.

Fehlende Liebe in der Kindheit. Da finden sich viele Erwachsene wieder, die auch eine solche Kindheit zu durchleben hatten. Eine Kindheit muss etwas von einem Nest haben, in welchem genügend Wärme aufgetankt wird, um in der oft so kalten Welt bestehen zu können. Wer als Kind ohne Wärme aufwächst, der sucht sich diese später auf anderen Wegen. Es gibt Erwachsene, die ständig frieren, die sich deshalb oft vor Heizkörpern lagern oder sich mit drei Decken zudecken. Doch sind das Ersatzhandlungen. Wirkliche Wärme entsteht nur durch ein menschliches Gegenüber, durch eine große Liebe, durch das Gefühl, mit allen Ängsten und Nöten bei einem anderen geborgen zu sein.

Das Leben derer, die eine Kindheit ohne Wärme und Liebe durchlebt haben, ist wie ein Herbstspaziergang am Nordseestrand. Der Wind peitscht die Wellen ans Ufer, die Kälte dringt durch die Kleider und macht das Herz frieren. Aber die Perspektive liegt hinter dem Deich, im bergenden und warmen Haus.

Wärme, Liebe, Geborgenheit, wer sie einem Suchenden schenkt, einem Menschen, der in seiner Kindheit zu wenig davon abbekommen hat, der bleibt nicht ohne Lohn. Der rettet eine Menschenseele. Was kann es Größeres und Sinnvolleres in dieser Welt geben?

Die Almhütte

Sie bringt viel Geld mit in die Ehe. Er ist erfolgreicher Notar in der Großstadt. Zur Hochzeitsreise wollen sie im Sommer in die Berge. Unterkunft im Nobelhotel mit allem Schnickschnack nach den anstrengenden Wanderungen.

An einem dieser Tage verlaufen sie sich. Dunkle Wolken ziehen auf. Ins Tal hinabsteigen, das schaffen sie nicht mehr. Sie entdecken einen Almbauern, der sein Heu in aller Ruhe zusammenbindet. Etwas verzweifelt fragen sie ihn: Gibt es hier in der Nähe eine Hütte, wo wir unterkommen können, bis das Gewitter vorbei ist?

Der Bauer bittet sie in seine karge Stube und bietet ihnen ein Glas Milch an. Das Gewitter bricht los. Das Ehepaar hat Angst vor einem Blitzeinschlag. Der Bauer aber bleibt

gelassen. Als das Gewitter endlich vorbei ist, ist es dunkel geworden. Der Abstieg ins Tal ist ausgeschlossen. Der Bauer bietet den beiden seinen Heustadel an. Dort, im Heu, könnten sie übernachten.

Was bleibt ihnen anderes übrig? Ein größerer Kontrast als der zur Nobelherberge im Tal ist kaum vorstellbar. Als Waschbecken eine alte Badewanne mit Regenwasser, aus der tagsüber die Kühe trinken. Als Bett ein Riesenheuhaufen. Als Gesellschafter Katzen und, so ist zu vermuten, Mäuse. Aber die beiden sind todmüde und schlafen ein. Am nächsten Morgen weckt sie der Bauer bei Sonnenaufgang. Ein schlichtes Frühstück hat er ihnen bereitet.

Beim Abstieg genießen sie die aufwachende Natur. Merkwürdig, sie fühlen sich gar nicht müde. Am Ende des Urlaubs sind sie sich einig: Das war die schönste Nacht, die wir hatten.

Am Fluss

Den nach Lebenssinn Suchenden, klassisch beschrieben hat ihn Hermann Hesse in *Siddharta*. Siddharta, das ist ein Brahmanensohn in Indien, der sich zu Hause eingeengt fühlt. Wie viele Jugendliche will er ausbrechen. Er tut es und probiert sich zunächst bei den Samanas, zurückgezogen lebenden Waldmönchen. Dort will er leer werden, nicht mehr Ich sein, sich entselbsten. Er leidet Hunger, Schmerzen, meditiert, merkt schließlich: Das ist nicht mein Weg. So zieht er weiter. Sucht den Erleuchteten, den Buddha, den großen Lehrer. Ob er sich ihm anschließt? Tun das bei uns nicht auch viele? Sich Vorbilder oder Lehrer suchen, an ihnen ihr Leben festmachen?

Siddharta spürt, dass der Lebenssinn nicht von außen, auch nicht von einer Autorität wie dem Buddha kommt. Der Weg dahin führt ins Innerste, ins Selbst. Nur dort erkennen wir, was uns vorbestimmt ist. Keine Lehre, keine Autorität kann uns den Sinn unseres Lebens vorgeben.

So probiert sich Siddharta im prallen Leben aus, geht ins Bordell und macht kaufmännische Erfahrungen, treibt sich in der Welt der, wie er die einfachen Leute nennt, »Kindermenschen« herum, um sein Innerstes kennen zu lernen. Aber wirklich zu sich selbst finden, das gelingt ihm erst an jenem Ort, der die Welt der Mönche und der Askese von der Welt der Kindermenschen trennt: am Fluss.

Der Fluss ist hier von größter Symbolkraft. Er hat eine Oberfläche, aber auch Tiefe. Er verbindet zwei Welten und trennt sie zugleich. Er fließt und verweist damit auf das Vergängliche. Er ist am Ursprung und an der Mündung,

überall zugleich. Vor allem aber lehrt der Fluss das Zuhören, das Lauschen auf die vielen verschiedenen Stimmen des Lebens, die in seinem Rauschen eins werden.

Wer über den Sinn seines Lebens nachdenkt, sollte das nicht im Lärm unserer Zeit tun, sondern sich einen abgeschiedenen Ort suchen. Kein Ort scheint geeigneter als ein Fluss. Hier strömen uns die Gedanken zu und führen uns zu uns selbst. Das Fließen des Wassers, für uns wird es dann, wie es Hesse ausdrückt, »die Stimme des Lebens, die Stimme des Seienden, des ewig Werdenden«.

Schutzengel

Unser Leben ist gerahmt von Angst. Vor der Geburt, da müssen wir den angstvollen Weg durch einen engen Kanal gehen, um das Licht der Welt zu erblicken. Im Sterben, so behauptet es die Sterbeforschung, kommen wir wiederum durch eine enge Röhre, einen schwarzen Kanal oder Ähnliches, bevor uns nach großer Angst grenzenloses Licht umfängt. Das Leben selbst droht uns mit Angst zu zerfressen. Angst vor Krankheit, Arbeitslosigkeit, Enttäuschungen in der Liebe, jedem fällt da sein ganz persönliches Angstpaket ein.

Unsere ständige Angst führt schnell zu dem Gedanken, ein solches Leben sei sinnlos. Der Sinn kann aber gerade darin liegen, die Angst zu überwinden. Wie kann das gehen?

Am besten, indem ich einen Menschen suche, dem ich all meine Angst anvertrauen kann. Bedingungslos und vollkommen offen, ohne wiederum Angst zu haben, über die Angst zu sprechen. Sie schwindet oft, wenn ich sie ausgesprochen habe. Da muss das Gegenüber noch nicht einmal Wege gegen die Angst benennen.

Was aber, wenn ich einen solchen Menschen nicht finde? Wenn ich immer wieder hineingerissen werde in den Strudel der Angst, in dem ich irgendwann unterzugehen drohe?

Hier kann das Nachdenken über die Geburt hilfreich sein. Wer hat mir damals geholfen, den Weg durch den engen Kanal zu gehen? Hatte ich, als ich gesund und behütet zur Welt kam, nicht einen Schutzengel?

Der Glaube an einen ganz persönlichen Schutzengel hilft, angstbesetzte Situationen zu überwinden. Auch die Situation, die vielen die größte Angst einflößt, das Sterben, der Tod, kann seinen Schrecken verlieren. Wenn dann wieder eine enge Röhre, ein schwarzer Kanal oder etwas Ähnliches kommt, ist er auch weiterhin bei mir, mein Schutzengel. Er führt mich einem grenzenlosen Licht entgegen.
Schutzengel sind Wegweiser in eine andere Wirklichkeit, sie beschützen mich und helfen mir, in dieser Welt angstfrei zu leben.

Das Leben erinnern

Für viele ist der Übergang in den Ruhestand eine schwierige Lebensphase. Nicht mehr täglich zur Arbeit gehen, die Kinder aus dem Haus und mit eigenen Familien, das gibt einem das Gefühl, nicht mehr gebraucht zu werden. Da stellt sich schnell die Frage: Was kommt jetzt noch?

Bei einer solchen Lebenszäsur ist es wichtig zurückzublicken. Dann ergeht es einem wie dem Wanderer in den Bergen, der nach einigen Stunden Aufstieg eine Pause macht und beim Blick ins Tal merkt, was er schon alles zurückgelegt hat. Da gab es anstrengende Passagen, aber auch wunderschöne Ausblicke. Jedes Leben hat solche Phasen. Da tauchen Bilder aus der Kindheit und aus der Jugendzeit auf, Gefühle wie Geborgensein und Bewahrtwerden finden sich vielleicht ein. Wer das alles einmal schriftlich festzuhalten versucht, dem wachsen immer neue Erinnerungen zu. Der merkt auch: Hier habe ich Gutes getan, dort bin ich auf Abwege geraten.

Nein, da ist kein Verlag nötig, um das Geschriebene zu drucken. Aber man kann es vielleicht selbst vervielfältigen und an die Kinder und Enkelkinder weitergeben. Die haben dann einen großen Schatz in Händen, der ihnen im eigenen Leben viel helfen kann: Lebenserfahrung. Das Wichtigste an so einem biographischen Rückblick ist das letzte Kapitel, das eine Überschrift wie »Ausblick« haben müsste. Wohin mündet mein Leben? Will ich die Wanderung nicht fortsetzen, um vielleicht noch schönere Ausblicke zu erreichen?

In vielen Kulturen sind es gerade die älteren Menschen, deren Lebenserfahrung die Jüngeren bei ihrem Handeln lenkt. Das war beim Volk Israel in der

Bibel ebenso wie bei den Indianervölkern Nordamerikas. Auch unsere Zeit kann den Rat und die Erfahrung der Älteren dringend gebrauchen. Sich einmischen, in Vereinen mitmachen, politisch sich äußern, wer in den Ruhestand geht, sollte sich hier neue Aufgaben suchen. Dann geht die Wanderung weiter. Irrwege sind weiterhin nicht ausgeschlossen, aber auch die schönen Ausblicke kommen. Mit Sicherheit.

Das offene Meer

Was ist der Sinn des Lebens? Eine eindeutige Antwort gibt es nicht. In jeder Lebensphase kann die Antwort anders ausfallen. Ein kleiner Junge sieht den Sinn darin, Profi bei Bayern München zu werden. Frisch Verheiratete erkennen ihn im Gründen einer Familie. Der junge Unternehmer sieht ihn im Aufblühen seiner Firma. Wer älter wird, sieht das Wesentliche des Lebens im Gesundbleiben.

Aber der Lebenssinn entsteht nicht nur aus uns selbst. Viele Sinnangebote werden an uns herangetragen. Die großen Religionen halten sie für uns bereit, Sekten mühen sich, Suchende mit zwielichtigen Angeboten auf ihre Seite zu ziehen. Die Werbung will uns vermitteln, was wir zu einem sinnvollen Leben erwerben müssen. Mitunter kommen wir uns vor wie die Fische im Teich, die von Angeln umgeben sind, ohne zu wissen, ob das scheinbar Verlockende nicht ins Verderben führt.

Dabei sind wir nicht Fische im Teich. Wenn schon, dann steht uns das weite Meer offen. Das Leben mit all seinen Möglichkeiten, wir können es sinnvoll gestalten, wenn wir uns eines bewahren: die Freiheit, uns selbst zu entscheiden. Uns nicht fangen zu lassen von anderen, die uns letztlich nur für ihre Zwecke ausnutzen. Wo wir das merken, wo wir uns selbst von allen Zwängen freischwimmen, da spüren wir: Das Leben ist wie das offene Meer, auf das wir hinausschwimmen. Und manches Mal, da kommen Inseln, auf denen wir an Land gehen und wo wir herrliche Früchte genießen, die die Bäume dieser Insel uns anbieten.

Wie solche Inseln aussehen? Das können spannende Begegnungen mit ungewöhnlichen Menschen sein. Oder Abenteuer mit Kindern. Oder eine berufliche Wende, die einem niemand zugetraut hätte. Wichtig ist, dass wir auch für Ungewöhnliches, Neues, Gewagtes, das das Leben für uns bereithält, offen bleiben. Wer sich aufmerksam umschaut, der entdeckt sie, die Zeichen, die einen mitunter verborgenen Weg zu sinnvollem Leben zeigen.

Dann sind wir wie die Seeleute, die auf dem offenen Meer nach Orientierung suchen. Und irgendwo blinkt er dann, der Leuchtturm, der uns neuen, Glück bringenden Ufern entgegenträgt.

Fotografie:
Wolfgang Ehn, Mittenwald: S. 33, 45
Klaus G. Förg, Rosenheim: S. 1, 16/17, 18, 34/35, 52/53, 74/75
Andreas Gassner, Braz: S. 28/29
Thomas Grüner, München: S. 4/5, 12/13, 22/23, 24, 31, 68/69
Udo Haafke, Ratingen: S. 59, 78/79
Reiner Harscher, Friedrichsdorf: S. 57
Joachim Heller, Wettstetten: S. 71
Thomas Jungmann, Landsberg am Lech: S. 11
Bernd Römmelt, München: Titel, S. 2, 6/7, 40/41, 47, 50/51, 62/63
Andreas Strauß, Bad Feilnbach: S. 64/65
Ernst Wrba, Sulzbach: S. 38/39, 76

Seitenlayout und Satz: VerlagsService Dr. Helmut Neuberger
& Karl Schaumann GmbH, Heimstetten
Lithografie: lithotronic media GmbH, Frankfurt am Main
Druck und Bindung: Druckerei Ernst Uhl, Radolfzell am Bodensee
Printed in Germany

ISBN 3-475-53402-9